So wird es gemacht:

Öffne das mini LÜK® - Kontrollgerät und lege die Plättchen in den unbedruckten Deckel!
Jetzt kannst du auf den Plättchen und auf dem Geräteboden die Zahlen 1 bis 12 sehen.

Beispiel: Seite 2
Welche Abbildung paßt am besten?
Nimm das Plättchen 1 und sieh dir die Aufgabe Nr. 1 an:
„sägen".
Dazu paßt die Säge mit der Lösungszahl 9.
Lege das Plättchen 1 auf die Zahl 9 des Gerätebodens!

1	2	3	4	5	6
7	8	**9**	10	11	12

So mußt du weiterarbeiten, bis alle Plättchen im Geräteboden liegen.

Schließe dann das Gerät und drehe es um! Öffne es von der Rückseite! Wenn du das bei der Übungsreihe abgebildete Muster siehst, hast du alle Aufgaben richtig gelöst. Passen einige Plättchen nicht in das Muster, dann hast du dort Fehler gemacht. Wende diese Plättchen dort, wo sie liegen, um, schließe das Gerät, drehe es um und öffne es wieder! Jetzt kannst du sehen, welche Aufgaben du falsch gelöst hast. Nimm diese Plättchen heraus und suche die richtigen Ergebnisse! Kontrolliere dann noch einmal! Stimmt jetzt das Muster?

Und nun viel Spaß!

Dieses Papier wurde aus chlorfrei gebleichtem Zellstoff hergestellt

Welche Abbildung paßt am besten?

Ordne das Zeitwort (Verb) dem Gegenstand zu!

1 sägen

2 fliegen

3 klingeln

4 angeln

5 malen

6 schreiben

7 bügeln

8 würfeln

9 essen

10 schrauben

11 gießen

12 schneiden

3

8

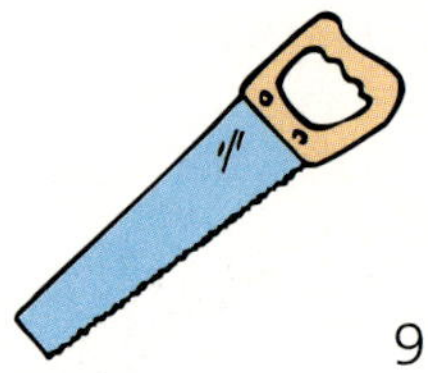
9

6

11

2

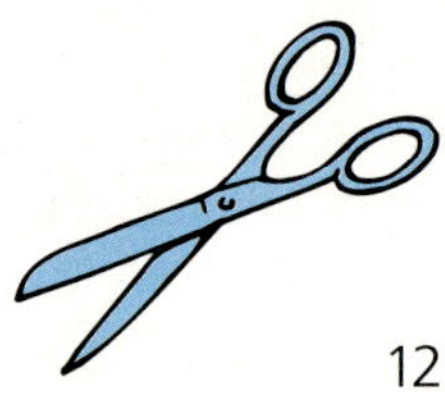
12

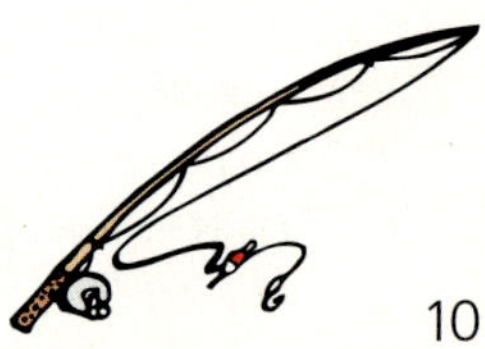
10

5

1

4

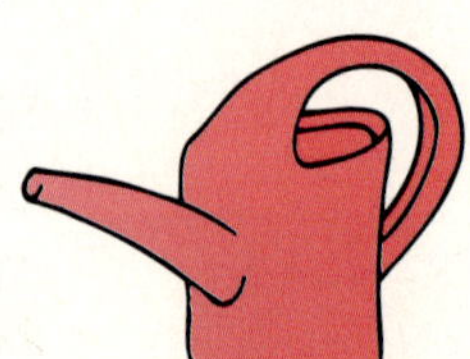
7

Finde auch hier das Bild zum Wort!

1 zelten

2 blühen

3 lutschen

4 sitzen

5 schwimmen

6 harken

7 backen

8 leuchten

9 pfeifen

10 knacken

11 baggern

12 lesen

4

10

8

3

9

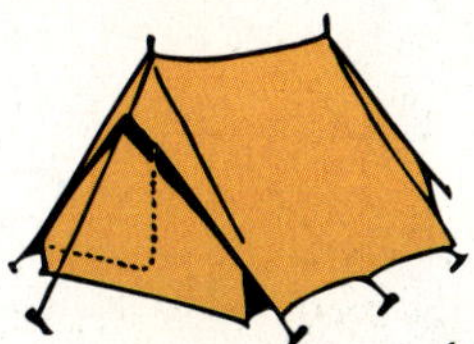

11

7

2

12

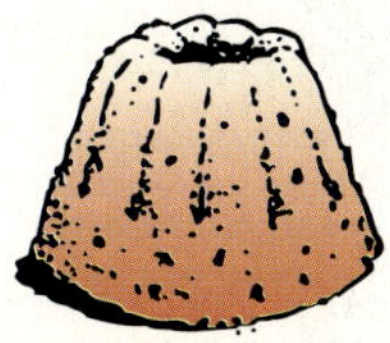

6

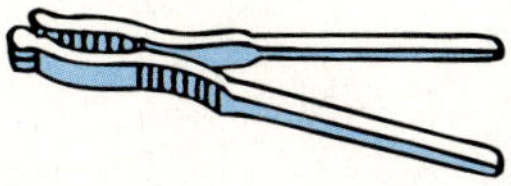

5

1

Wo steht das Zeitwort (Verb)?

1

rund

9 2

rufen

2

zornig

5 6

ziehen

3

werfen

3 7

würzig

4

drücken

1 12

düster

5

blond

4 9

brechen

6

turnen

5 8

traurig

7

streng

10 7

singen

8

gütig

11 12

glauben

9

reisen

4 2

reich

10

breit

6 8

bauen

11

rennen

10 3

richtig

12

mutig

1 11

malen

Und wo ist hier das Zeitwort (Verb)?

1	denken	12	3	dornig
2	locker	1	8	lachen
3	riesig	6	10	reden
4	fertig	4	7	fahren
5	brüten	11	12	bitter
6	spülen	9	8	saftig
7	teuer	10	5	tanken
8	weinen	2	7	weich
9	giftig	11	3	graben
10	spielen	1	9	sauber
11	leicht	5	6	loben
12	tragen	4	2	träge

Einsetzübung

Welches Zeitwort (Verb) gehört in die Lücke?

1

Mit einem Ball kann man______.

niesen	spielen	lügen	hören
8	11	1	12

2

Mit einem Telefon kann man______.

anrufen	sprühen	mauern	lächeln
10	8	6	2

3

Mit einem Bleistift kann man______.

tanzen	lachen	schreiben	spülen
9	2	8	3

4

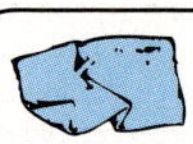

Mit einem Lappen kann man______.

nagen	spitzen	hüpfen	wischen
9	4	10	6

5

Mit einem Spaten kann man______.

graben	pumpen	klagen	gurgeln
2	7	12	5

6

Mit einem Los kann man______.

spüren	gewinnen	mahlen	greifen
4	9	6	11

7  Mit einem Ofen kann man_____.

platzen	reißen	saugen	heizen
1	7	5	12

8  Mit einer Glocke kann man_____.

backen	schwimmen	lauern	klingeln
5	11	3	4

9  Mit einem Hubschrauber kann man_____.

raten	rudern	fliegen	beißen
4	7	1	6

10  Mit einer Gabel kann man_____.

kriechen	leuchten	essen	färben
12	10	5	3

11  Mit einem Mofa kann man_____.

fahren	kneten	fegen	krabbeln
7	11	1	8

12 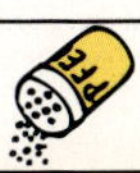 Mit Pfeffer kann man_____.

klettern	pressen	rosten	würzen
2	6	9	3

Hallo, hier bin ich!

Die Bilder helfen dir bei der Lösung der Aufgabe!

1

Mein Name ist Tina.

Ich ________.

tanzt	10
tanzen	9
tanze	6

2

Mein Name ist Rudi.

Ich ________.

sitze	8
sitzen	3
sitzt	11

3

Mein Name ist Sabine.

Ich ________.

nähen	2
nähe	10
nähst	4

4

Mein Name ist Alf.

Ich ________.

malst	1
male	11
malen	5

5

Mein Name ist Anne.

Ich ________.

koche	4
kochst	6
kochen	5

6

Mein Name ist Markus.

Ich ________.

gehst	11
gehen	2
gehe	1

7

Mein Name ist Cliff.

Ich ________.

spielst	9
spiele	5
spielen	7

8

Mein Name ist Regina.

Ich ________.

stehst	1
stehen	12
stehe	2

9

Mein Name ist Manuel.

Ich ________.

hüpfe	9
hüpfst	3
hüpfen	4

10

Mein Name ist Claudia.

Ich ________.

singst	7
singen	8
singe	12

11

Mein Name ist Dieter.

Ich ________.

fege	3
fegst	6
fegen	12

12

Mein Name ist Aytac.

Ich ________.

wirfst	8
werfe	7
werfen	10

Was die Kinder machen

Schau dir die Abbildungen gut an!

1

Das ist Silke.

Sie ______.

schreibst	10
schreibt	2
schreiben	4

2

Das ist Meike.

Sie ______.

lachen	7
lacht	12
lachst	4

3

Das ist Anita.

Sie ______.

schwimmt	4
schwimmen	11
schwimmst	10

4

Das ist Michael.

Er ______.

rechnen	5
rechnest	9
rechnet	7

5

Das ist Ute.

Sie ______.

trinken	1
trinkst	9
trinkt	10

6

Das ist Peter.

Er ______.

weint	5
weinen	6
weinst	8

7

Das ist Timo.

Er ______.

liegen	3
liegt	1
liegst	6

8

Das ist Sven.

Er ______.

turnst	2
turnen	8
turnt	6

9

Das ist Banu.

Sie ______.

läuft	3
laufen	9
läufst	5

10

Das ist Selda.

Sie ______.

schlafen	7
schläft	8
schläfst	3

11

Das ist Andy.

Er ______.

essen	2
esse	12
ißt	9

12

Das ist Volker.

Er ______.

liest	11
lesen	12
lese	1

Ein Wort gehört in die Lücke!

1	? zähmt den Tiger.	Du 4	Er 12	Ich 1	Wir 3
2	? fahren nach Berlin.	Wir 3	Ich 1	Er 8	Du 7
3	? triffst deinen Freund.	Ich 11	Er 5	Du 7	Ihr 3
4	? paddelt auf dem See.	Du 2	Ich 1	Wir 3	Ihr 11
5	? meldet den Unfall.	Ich 4	Du 8	Sie 1	Wir 6
6	? regnet durch das Dach.	Wir 6	Es 4	Ich 5	Du 12
7	? schaust aus dem Fenster.	Er 10	Ich 9	Wir 7	Du 5
8	? reitet auf dem Pferd.	Er 9	Ich 12	Du 2	Wir 8
9	? gieße die Blumen.	Ihr 11	Wir 6	Ich 8	Du 10
10	? fragt den Lehrer.	Ich 9	Ihr 6	Wir 2	Du 4
11	? hören ein Lied.	Du 7	Sie 2	Ich 9	Ihr 10
12	? angeln einen Fisch.	Wir 10	Ich 11	Du 12	Ihr 5

Und wie lautet hier die Lösung?

1

?		
schloß die Tür zu.	Er 10	Du 6
	Wir 5	Ihr 12

2

?		
sprangen über den Bach.	Ich 1	Er 3
	Wir 6	Du 7

3

?		
schob das Rad.	Du 3	Ihr 9
	Wir 8	Ich 1

4

?		
aßen grüne Nudeln.	Er 7	Sie 9
	Du 6	Ich 10

5

?		
roch nach Fisch.	Es 7	Du 8
	Wir 9	Ihr 11

6

?		
trankt die Milch.	Du 3	Ich 1
	Ihr 11	Sie 10

7

?		
fuhrst einen Wagen.	Du 3	Er 4
	Ihr 12	Wir 6

8

?		
fielen vom Baum.	Ich 2	Sie 12
	Du 9	Ihr 8

9

?		
schnitt das Brot.	Ich 8	Ihr 1
	Wir 2	Du 4

10

?		
zog nach München.	Wir 5	Du 12
	Ihr 2	Sie 4

11

?		
trugst das Baby.	Ich 11	Ihr 7
	Wir 1	Du 2

12

?		
blieben zu Hause.	Wir 5	Ich 11
	Du 4	Ihr 10

Was hier und da passiert

Drei Antwortmöglichkeiten, aber nur eine richtige Lösung!

1 Das sind Ina und Bert.

Sie < hängst 7 / hängen 4 / hänge 1 > Wäsche auf.

2 Mein Name ist Hans.

Ich < rufe 1 / rufst 6 / rufen 8 > Oma an.

3 Das ist Tobias.

Er < mähen 8 / mähst 3 / mäht 6 > den Rasen.

4 Wir sind Zwillinge.

Wir < tragen 3 / trage 12 / trägst 9 > beide eine Brille.

5 Hallo, Rolf!

Du < fahre 10 / fahren 2 / fährst 12 > Fahrrad.

6 Was macht das Baby?

Es < weint 2 / weinst 11 / weinen 9 > ganz laut.

7 Ihr Name ist Claudia.

zählt 9
Sie < zählst 7 die Perlen.
zähle 4

8 Wir heißen Tim und Tom.

grabe 5
Wir < gräbst 6 ein Loch.
graben 7

9 Hallo, Sabine und Karin!

spielt 5
Ihr < spielen 3 Federball.
spielst 10

10 Mein Name ist Cord.

baue 10
Ich < bauen 11 mit Lego.
baust 2

11 Schaut euch Mutter an!

kämmen 8
Sie < kämmst 1 sich die Haare.
kämmt 11

12 Das ist Kater Carlo.

schläfst 5
Er < schläft 8 auf dem Sofa.
schlafen 4

Setze richtig ein!

1	Ich ______ meine Schwester.	tröstest 6	tröste 2	trösten 12
2	Es ______ im Ofen. 	knistern 4	knisterst 11	knistert 6
3	Ihr ______ nach Berlin.	reisen 1	reist 4	reise 10
4	Sie ______ ein Kleid.	nähst 9	nähe 10	näht 1
5	Du ______ den Spargel.	schälst 10	schälen 5	schäle 7
6	Er ______ sein Auto. 	lenkst 8	lenken 7	lenkt 5
7	Wir ______ uns kaputt.	lachen 7	lachst 6	lache 12
8	Er ______ um das Haus.	schleichst 5	schleicht 12	schleiche 3
9	Du ______ einen Laut.	hörst 3	hört 4	höre 8
10	Sie ______ kleine Bilder.	malst 9	malen 8	male 2
11	Ich ______ einen Pullover.	strickt 11	stricke 9	stricken 3
12	Sie ______ das Fohlen.	fütterst 1	füttere 2	füttert 11

Ein Wort fehlt in jedem Satz!

Nr.	Satz	Gelb	Blau	Rot
1	Wir ______ Geld ein. 	sammeln 9	sammelst 1	sammelt 8
2	Ich ______ nach New York.	fliegst 11	fliege 8	fliegen 2
3	Sie ______ reife Äpfel.	ernte 3	erntest 10	ernten 11
4	Du ______ am Finger.	blutest 10	blute 4	blutet 5
5	Er ______ einen Satz.	diktieren 7	diktiert 5	diktiere 6
6	Wir ______ auf der Wiese.	zelte 4	zeltest 8	zelten 7
7	Er ______ mit dem Schwanz.	wedeln 5	wedelt 4	wedelst 2
8	Du ______ dein Paket.	trägst 2	tragen 12	trägt 7
9	Sie ______ die Schere. 	schleife 3	schleifst 9	schleift 12
10	Ihr ______ auf dem Pony.	reite 10	reiten 6	reitet 3
11	Es ______ an der Tür. 	klingelt 6	klingelst 11	klingeln 1
12	Ich ______ alle roten Autos.	zählst 12	zähle 1	zählen 8

Was geschah gestern?

Finde den Satz in der Vergangenheit!

1

7

Sie ging.

Sie geht.

9

2

8

Er springt.

Er sprang.

5

3

10

Wir griffen.

Wir greifen.

7

4

2

Ihr halft.

Ihr helft.

10

5

6

Du greifst.

Du griffst.

4

6

12

Ihr schlieft.

Ihr schlaft.

11

7

8

Ich gab.

Ich gebe.

1

8

4

Sie tragen.

Sie trugen.

11

9

3

Ich denke.

Ich dachte.

9

10

5

Es gelingt.

Es gelang.

1

11

3

Sie fingen.

Sie fangen.

12

12

2

Du trinkst.

Du trankst.

6

Und was passiert jetzt gerade?

Finde den Satz in der Gegenwart!

1

6

Du bandst.

Du bindest.

3

2

10

Sie blieben.

Sie bleiben.

8

3

11

Ich beiße.

Ich biß.

7

4

1

Sie fuhren.

Sie fahren.

4

5

5

Er bläst.

Er blies.

12

6

1

Ihr findet.

Ihr fandet.

11

7

5

Sie glitt.

Sie gleitet.

10

8

2

Du hebst.

Du hobst.

9

9

3

Ich fiel.

Ich falle.

6

10

9

Es brennt.

Es brannte.

2

11

8

Er fraß.

Er frißt.

12

12

7

Wir kommen.

Wir kamen.

4

Verben, die sich reimen

1

lachen

angeln	5
krachen	7
bummeln	3

2

reiten

gleiten	3
backen	12
erben	9

3

sinken

arbeiten	2
eilen	8
trinken	12

4

glauben

dampfen	6
drehen	10
rauben	2

5

fressen

bluten	4
pressen	6
danken	12

6

weinen

atmen	8
bauen	7
meinen	4

7

klingen

baggern	9
bringen	8
bohren	11

8

lenken

bellen	4
ärgern	5
denken	9

9

knüpfen

hüpfen	5
brausen	1
dauern	3

10

hören

beißen	6
stören	1
fegen	11

11

laufen

kaufen	11
bitten	10
donnern	1

12

danken

binden	2
fallen	7
zanken	10

Gesucht: das passende Reimwort!

1

schieben

füllen	11
glänzen	8
sieben	1

2

reißen

fliehen	10
beißen	11
leiden	4

3

gehen

hüpfen	8
merken	9
stehen	10

4

finden

jucken	4
binden	8
kneten	12

5

knallen

fischen	3
gleiten	6
fallen	4

6

greifen

kneifen	6
holen	5
funkeln	2

7

brennen

flechten	5
trennen	2
kreisen	10

8

gießen

glühen	9
fürchten	7
schließen	5

9

schreiben

helfen	7
flicken	11
treiben	9

10

ringen

flitzen	3
bringen	7
kennen	6

11

scheinen

jubeln	1
kämmen	12
meinen	3

12

malen

zahlen	12
glitzern	2
flimmern	1

Lückenwörter

Die Lösung findest du unten.

	ich wachse
1	du ___
	er / sie / es wächst
2	wir ___
	ihr wachst
	sie wachsen

	ich tusche
	du tuscht
3	er / sie / es ___
	wir tuschen
	ihr tuscht
4	sie ___

5	ich ___
	du strickst
	er / sie / es strickt
	wir stricken
6	ihr ___
	sie stricken

	ich tanze
	du tanzt
7	er / sie / es ___
8	wir ___
	ihr tanzt
	sie tanzen

9	ich ___
	du staunst
	er / sie / es staunt
	wir staunen
10	ihr ___
	sie staunen

	ich weine
11	du ___
	er / sie / es weint
12	wir ___
	ihr weint
	sie weinen

wachsen	7	tuschen	12	stricke	3
wächst	11	tuscht	9	strickt	8
tanzen	1	staune	10	weinen	2
tanzt	6	staunt	5	weinst	4

Wie muß es heißen?

Setze die fehlenden Lückenwörter ein!

ich rolle
1 du
er, sie, es rollt
2 wir
ihr rollt
sie rollen

3 ich
du pumpst
er, sie, es pumpt
wir pumpen
4 ihr
sie pumpen

ich niese
du niest
5 er, sie, es
6 wir
ihr niest
sie niesen

7 ich
du pflegst
er, sie, es pflegt
wir pflegen
8 ihr
sie pflegen

ich nicke
du nickst
9 er, sie, es
wir nicken
ihr nickt
10 sie

ich reibe
11 du
er, sie, es reibt
12 wir
ihr reibt
sie reiben

rollen	4
rollst	1

pumpe	6
pumpt	8

niesen	3
niest	12

pflegt	10
pflege	2

nicken	7
nickt	11

reibst	5
reiben	9

Fehlende Endungen

1 Silke und Maike räum____immer den Tisch ab.
en: 6 | t: 1 | e: 4

2 Der Lehrer rechn____die Aufgabe noch einmal vor.
en: 2 | et: 4 | est: 1

3 Du schick____an deine Eltern ein großes Paket ab.
st: 1 | en: 3 | t: 11

4 Die Mutter sorg____für ihre kranke Tochter.
st: 7 | t: 11 | en: 4

5 Hans, Rudi und Tom staun____über die Geschenke.
st: 3 | en: 7 | t: 5

6 Die Lampe strahl____das wertvolle Bild an.
en: 5 | st: 6 | t: 3

7 Ihr quetsch____den Saft der Zitrone aus.
en: 7 | t: 5 | e: 10

8 Renate üb____ein neues Theaterstück ein.
t: 10 | st: 8 | en: 9

9 Wir lach____über die Späße der Clowns.
t: 12 | st: 10 | en: 8

10 Die roten Rosen lock____die Bienen an.
t: 11 | en: 12 | st: 2

11 Unser Nachbar kauf____im Supermarkt ein.
st: 8 | t: 2 | en: 9

12 Die Kinder der Klasse 2a sag____ein Gedicht auf.
en: 9 | t: 12 | st: 6

Das kannst du jetzt!

1 Die Eltern ruf____aufgeregt im Krankenhaus an.
e: 11 | en: 12 | st: 10

2 Der Schüler komm____mit dem Taschengeld aus.
t: 10 | en: 7 | st: 12

3 Hans und Udo hal____die Hand vor den Mund.
t: 5 | st: 9 | ten: 7

4 Der Zöllner schließ____den Lederkoffer auf.
e: 6 | en: 1 | t: 5

5 Oma bring____uns immer Schokolade mit.
st: 10 | t: 1 | en: 9

6 Die Arbeiter reiß____die alte Scheune ab.
en: 9 | t: 4 | e: 11

7 Der Pirat gräb____eine hölzerne Schatztruhe aus.
st: 4 | t: 11 | e: 3

8 Die Dame rei____auf dem Pferd aus.
ten: 2 | te: 7 | tet: 4

9 „Du nimm____mir immer alles weg“, schimpft Tim.
t: 8 | st: 2 | en: 6

10 Beide Hunde reiß____sich plötzlich los.
en: 6 | t: 8 | e: 5

11 Der Postbote steig____vom Fahrrad ab.
st: 2 | en: 3 | t: 8

12 „Ihr hal____mir nie die Tür auf“, stöhnt Mutter.
tet: 3 | t: 12 | ten: 1

Das kannst du jetzt!

Lies und klatsche in die Hände!

1	verkaufen	2 Silben 8	3 Silben 4	4 Silben 1
2	reparieren	2 Silben 2	3 Silben 11	4 Silben 8
3	lutschen	2 Silben 11	3 Silben 4	4 Silben 3
4	aufatmen	2 Silben 5	3 Silben 3	4 Silben 6
5	erledigen	2 Silben 11	3 Silben 7	4 Silben 5
6	schaukeln	2 Silben 7	3 Silben 3	4 Silben 9
7	probieren	2 Silben 2	3 Silben 9	4 Silben 5
8	unterhalten	2 Silben 7	3 Silben 12	4 Silben 2
9	schleichen	2 Silben 12	3 Silben 10	4 Silben 8
10	beobachten	2 Silben 6	3 Silben 9	4 Silben 10
11	überqueren	2 Silben 10	3 Silben 1	4 Silben 6
12	erzählen	2 Silben 4	3 Silben 1	4 Silben 12

Zähle die Silben!

		3 Silben	4 Silben	5 Silben
1	hinunterkippen	12	11	3
2	bemerken	11	2	8
3	unterrichten	10	8	4
4	aufräumen	4	2	9
5	verschmieren	2	5	12
6	überreichen	10	12	8
7	hervorragen	7	10	5
8	mitspielen	5	7	6
9	herunterfallen	4	9	7
10	verstecken	9	3	1
11	aussuchen	1	6	2
12	zusammensetzen	3	1	6

Vorangestellte Wortbausteine

Ordne richtig zu!

1 weglaufen	Beide Kanister laufen aus. 9
2 einlaufen	Alle Kinder laufen weg. 6
3 auslaufen	Der gelbe Pullover läuft ein. 2

4 abmachen	Thomas macht die Tür auf. 3
5 aufmachen	Wer macht das Feuer an? 1
6 anmachen	Mutter macht die Gardinen ab. 5

7 mitfahren	Das Müllauto fährt gleich weg. 10
8 vorfahren	Uli fährt im Auto mit. 11
9 wegfahren	Jetzt fährt ein Taxi vor. 8

10 absetzen	Wir setzen bald die Reise fort. 7
11 aufsetzen	Onkel Till setzt den Hut auf. 4
12 fortsetzen	Oma setzt den Koffer ab. 12

Was gehört zusammen?

Jedem Zeitwort kannst du einen Satz zuordnen!

1 aufhören	Ich faßte meinen Vater an. 10
2 anfassen	Der neue Anorak färbte ab. 12
3 abfärben	Das Gewitter hörte schnell auf. 7

4 umbauen	Susanne kochte das Wasser ab. 6
5 abkochen	Herr Krull baute sein Haus um. 2
6 auslachen	Ihr lachtet den Bettler nicht aus. 9

7 einkochen	Erwin meldete sich beim Lehrer ab. 4
8 abmelden	Tante Frieda kochte das Obst ein. 8
9 aufregen	Der Krach regte alle unheimlich auf. 5

10 einsammeln	Der See taute schnell wieder auf. 3
11 abschalten	Wir sammeln das Eintrittsgeld ein. 1
12 auftauen	Der Arbeiter schaltete den Strom ab. 11

Zur Festigung

Vermeide Fehler durch zu schnelles Arbeiten!

ich dachte
1 du ____
er / sie / es — dachte
wir dachten
ihr dachtet
2 sie ____

ich fand
du fandst
3 er / sie / es — ____
4 wir ____
ihr fandet
sie fanden

5 ich ____
du gingst
er / sie / es — ging
wir gingen
6 ihr ____
sie gingen

7 ich ____
du glaubtest
er / sie / es — glaubte
wir glaubten
8 ihr ____
sie glaubten

ich duschte
du duschtest
9 er / sie / es — ____
10 wir ____
ihr duschtet
sie duschten

ich fesselte
11 du ____
er / sie / es — fesselte
wir fesselten
ihr fesseltet
12 sie ____

dachten	12
dachtest	9

fand	7
fanden	10

gingt	5
ging	1

glaubte	4
glaubtet	6

duschten	3
duschte	2

fesselten	11
fesseltest	8

Fülle die Lücken richtig aus!

ich half
1 du
er / sie / es — half
wir halfen
ihr halft
2 sie

ich kannte
du kanntest
3 er / sie / es —
4 wir
ihr kanntet
sie kannten

5 ich
du liefst
er / sie / es — lief
wir liefen
6 ihr
sie liefen

7 ich
du lachtest
er / sie / es — lachte
wir lachten
8 ihr
sie lachten

ich häkelte
du häkeltest
9 er / sie / es —
10 wir
ihr häkeltet
sie häkelten

ich keuchte
11 du
er / sie / es — keuchte
wir keuchten
ihr keuchtet
12 sie

halfen	1
halfst	10

kannte	6
kannten	9

lieft	2
lief	12

lachtet	7
lachte	3

häkelten	4
häkelte	5

keuchtest	11
keuchten	8

Finde das Zeitwort (Verb)!

Wähle aus 4 Möglichkeiten!

1	bunten 2 ★	braven 12 ★	basteln 7 ★	blauen 3
2	tragen 4 ★	tauben 8 ★	tapferen 3 ★	treuen 1
3	salzigen 5 ★	sandigen 11 ★	sauberen 6 ★	sparen 12
4	reinen 10 ★	rohen 2 ★	rosten 8 ★	rosigen 3
5	platten 8 ★	planen 6 ★	privaten 2 ★	peinlichen 7
6	oben 6 ★	öligen 10 ★	ordnen 3 ★	ovalen 1
7	radieren 2 ★	rosigen 5 ★	rissigen 11 ★	roten 9
8	nackten 12 ★	neuen 1 ★	niemanden 4 ★	nähen 10
9	meisten 7 ★	mischen 11 ★	mündlichen 5 ★	mutigen 8
10	leisen 10 ★	luftigen 2 ★	leiden 1 ★	lustigen 9
11	kahlen 7 ★	kneifen 5 ★	kalten 12 ★	keinen 4
12	hungrigen 8 ★	helfen 9 ★	hurtigen 6 ★	heftigen 10

Welches Wort ist kein Zeitwort (Verb)?

Arbeite sorgfältig und genau!

1	riechen 12	tanzen 1	großen 10	stürmen 11
2	fassen 2	ändern 7	hängen 9	zarten 8
3	bauen 5	wunden 11	heiraten 3	fesseln 9
4	winzigen 9	fragen 4	drucken 8	holen 7
5	hören 8	danken 2	warmen 5	forschen 6
6	völligen 7	jagen 3	kämpfen 9	blicken 4
7	kaufen 10	blühen 5	fühlen 12	alten 3
8	bohren 6	unseren 2	füllen 1	klagen 7
9	füttern 5	kochen 11	dienen 4	traurigen 12
10	stummen 4	drücken 1	lachen 6	glauben 3
11	gucken 12	leben 10	eilen 8	rissigen 6
12	falten 11	lernen 2	trockenen 1	legen 9

Ordne nach dem ABC!

Welches Zeitwort steht weiter vorn?

1

3
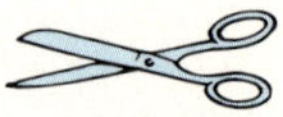
schneiden

zelten
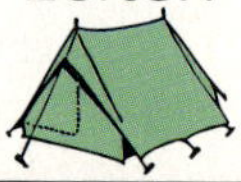
7

2

1

blühen

gießen

5

3

11

schrauben

lutschen

6

4

1

sitzen

essen

4

5

8

würfeln

schwimmen

12

6

2

harken

sägen

10

7

10

bügeln

leuchten

6

8

7

lesen

schreiben
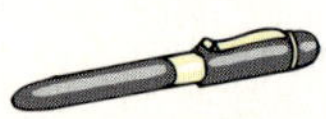
2

9

5

malen

pfeifen

4

10

9

angeln

knacken
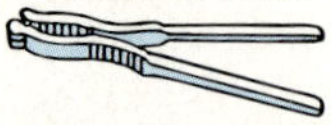
3

11

11

baggern

klingeln

9

12

12

fliegen

backen

8